- 무게
- 시간
- 온도
- 속도

차례

무게 · 5쪽

그램 **g**

킬로그램 **kg**

톤 **t**

―――――――――

마이크로그램(μg)
캐럿(ct)
근, 관, 돈,

시간 · 33쪽

초 **s**

분 **min**

시 **h**

일 **d**

―――――――――

주, 월, 년, 세기

온도 · 59쪽

섭씨온도 °C
화씨온도 °F
절대온도 K
켈빈

속도 · 81쪽

초속거리 m/s
시속거리 km/h
노트(kt)

단위란?

단위란 언제 어디서든 누가 측정해도 똑같은 값이 나오도록 공통의 기준을 만든 세계적인 약속입니다.

아주 쉬운 단위놀이 한마당

무게

밀리그램 **mg**
그램 **g**
킬로그램 **kg**
톤 **t**

근, 관, 돈, 마이크로그램(μg), 캐럿(ct)

mg
밀리그램

mg(밀리그램)을 알아봅시다.

mg(밀리그램)은 보통 약물이나 매우 작은 물체의 무게를 측정할 때 사용합니다.

약의 성분은 30mg, 300mg 등 mg으로 표시합니다.

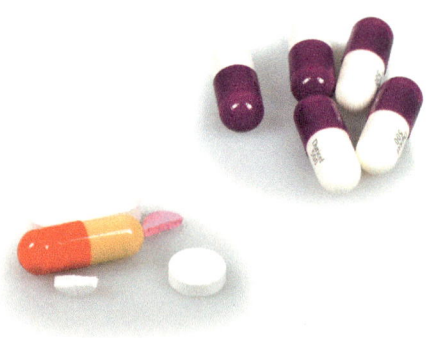

mg
밀리그램

mg(밀리그램)을 알아봅시다.

작은 캡슐 속에는 수십, 수백개의 mg알갱이들이 들어있습니다.

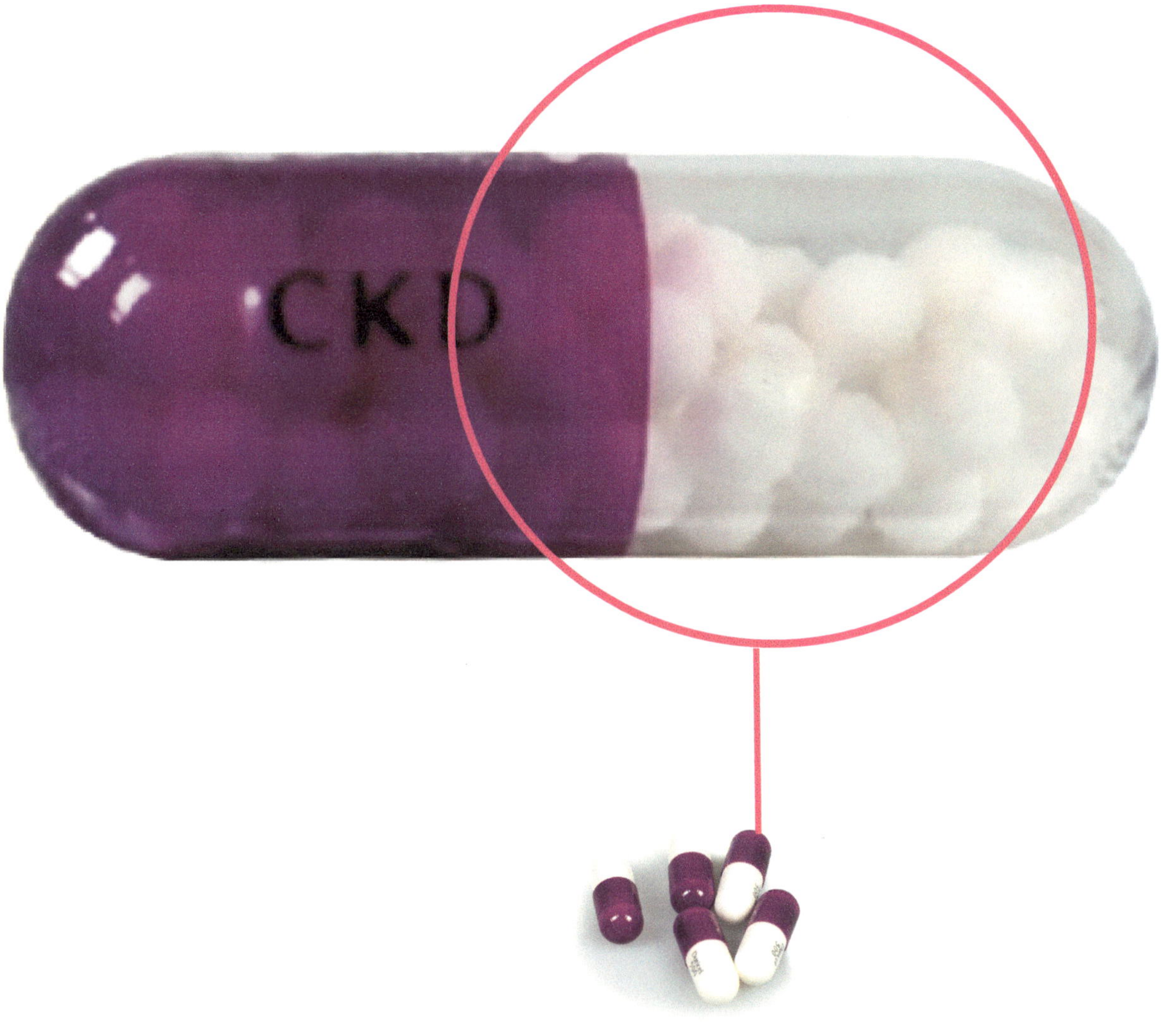

g
그램

g(그램)을 알아봅시다.

그램 (g)은 가장 흔하게 사용되는 무게 단위로 식재료, 생활용품, 일반적인 물체의 무게를 표현하는 데 사용합니다.

 현재 십원동전 : 약 1g

 구 십원동전 : 약 4g

g
그램

g(그램)을 알아봅시다.

고기 한근은 600g입니다.

kg
킬로그램

kg(킬로그램)을 알아봅시다.

kg은 보통 물체나 사람의 몸무게 등을 측정할 때 주로 사용합니다.

물 1리터 한통의 무게는 1kg입니다.

kg
킬로그램

kg(킬로그램)을 알아봅시다.

다 자란 사자의 몸무게는 약 100kg~250kg.

고양이의 몸무게는 약 4kg.

t 톤

t(톤)을 알아봅시다.

t(톤)은 1000kg 이상의 아주 무거운 무게 등을 측정할 때 주로 사용합니다.

아주 큰 코끼리의 무게는 6000kg이 넘는 것도 있습니다.
즉, 6t이 넘는다는 것이지요.

t 톤

t(톤)을 알아봅시다.

사람과 짐을 가득 실은 여객기의 무게는 무려 500t 이 넘는 것도 있습니다.

mg, g, kg, t의
밀리그램   그램   킬로그램   톤
관계를 알아보아요.

각 단위끼리의 연관성을 알아봅시다.

1mg의 1000배 =1g   1mg 개미 1000마리= 1g

1g의 1000배 =1kg   1g 땅콩 1000개 = 1kg

1kg의 1000배 =1t   1kg 멜론 1000통= 1t

mg, g, kg, t의
밀리그램 그램 킬로그램 톤
관계를 알아보아요.

각 단위끼리의 연관성을 알아봅시다.

1g = 1000mg

1kg = 1000g

1t = 1000kg

크기가 크면 더 무거울까요?
mg, g, kg, t
밀리그램 그램 킬로그램 톤

무게

바람을 집어 넣은 풍선과 쇠구슬입니다. 큰 풍선과 작은 쇠구슬 중 어느 것이 더 무거울까요?

풍선

쇠구슬

크기가 크면 더 무거울까요?
mg, g, kg, t
밀리그램　그램　킬로그램　톤

풍선이 훨씬 크지만
무게는 더 가볍습니다.
크다고 무거운 것은 아니지요?

크기가 크면 더 무거울까요?
mg, g, kg, t
밀리그램 그램 킬로그램 톤

무게

크기가 거의 비슷한 탁구공과 골프공입니다.
어느 것이 더 무거울까요?

탁구공

골프공

크기가 크면 더 무거울까요?
mg, g, kg, t
밀리그램　　그램　　킬로그램　　톤

골프공과 탁구공은 크기가 비슷하지만
골프공이 훨씬 무겁습니다.

골프공의 무게는 45g,
탁구공의 무게는 2.7g이지요.

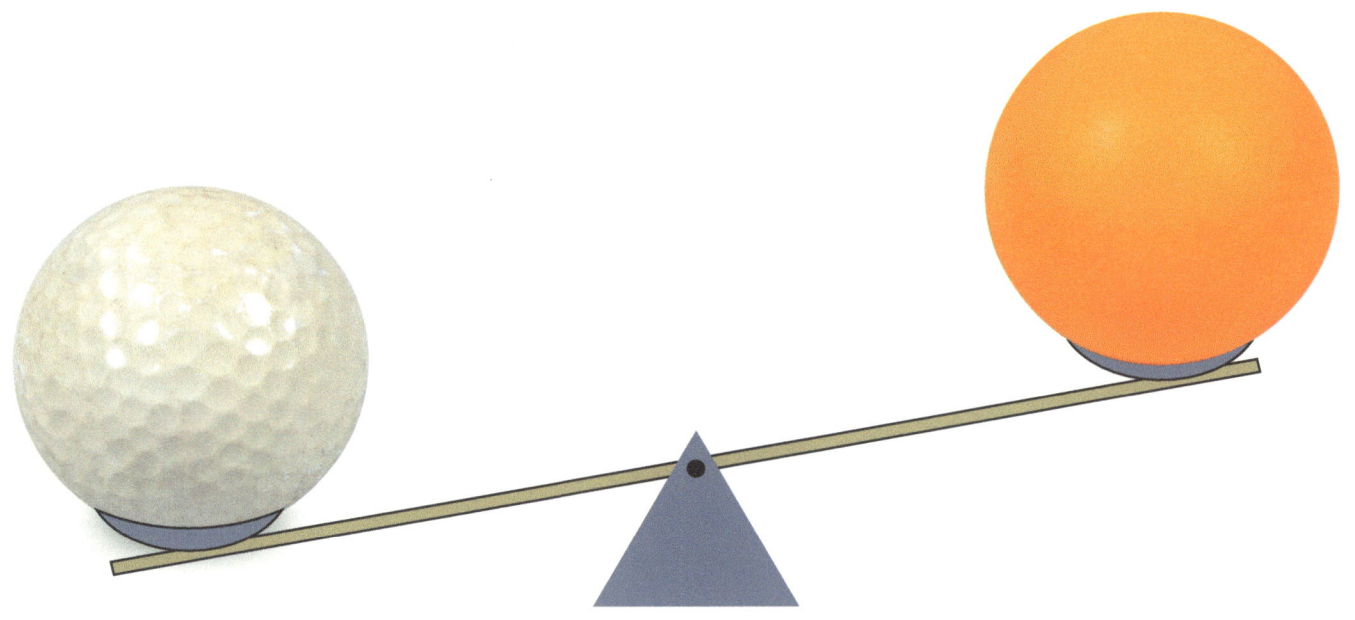

세상에서 가장 무거운 동물은?
mg, g, kg, t
밀리그램 그램 킬로그램 톤

무게

살아있는 동물 중 가장 무거운 동물은 대왕고래입니다.

발견된 대왕고래 중 가장 무거웠던 것은 무게가 무려 190톤(t)이었다고 해요.

 코뿔소가 약 1000kg, 즉 1톤(t)정도 하니까 코뿔소 190마리랑 같은 무게지요.

무게는 변하지 않을까요?
mg, g, kg, t
밀리그램 그램 킬로그램 톤

무게

무게는 어디서 재든 항상 똑같을까요?

지구에서 몸무게를 쟀더니 60kg이에요.

60kg

지구

무게는 변하지 않을까요?
mg, g, kg, t
밀리그램   그램   킬로그램   톤

지구에서 몸무게가 60kg인 사람이 달에서는 10kg입니다. '중력' 때문이지요.

달에서 몸무게를 쟀더니 10kg이에요.

10kg

달

역도 선수가 들어올린 무게는?
mg, g, kg, t
밀리그램   그램   킬로그램   톤

세계에서 가장 힘센 남자 역도 선수는 265kg을 들어올렸습니다.

265kg

보통 성인의 몸무게가 65kg이면 성인 약 4명을 한번에 든 무게이지요.

역도 선수가 들어올린 무게는?
mg, g, kg, t
밀리그램　그램　킬로그램　톤

세계에서 가장 힘센 여자 역도 선수는 193kg을 들어올렸습니다.

193kg

보통 성인의 몸무게가 65kg이면
성인 약 3명을 한번에 든 무게이지요.

우리나라에만 있는 무게 단위는?
근, 관, 돈

근, 관, 돈은 예전부터 우리 나라에서 무게를 잴 때 사용하였지만 국제적으로 약속된 단위가 아니기 때문에 점점 사용하지 않고 있습니다.

근

근은 고기나 고추, 깨 등의 무게를 잴 때 주로 사용하며 지금도 자주 사용하고 있습니다.

고기 1근=600g

고춧가루 1근=500g

한근의 무게가 종류마다 지역마다 다르기 때문에 불편하지요.

우리나라에만 있는 무게 단위는?
근, 관, 돈

근, 관, 돈은 예전부터 우리 나라에서 무게를 잴 때 사용하였지만 국제적으로 약속된 단위가 아니기 때문에 점점 사용하지 않고 있습니다.

관

관은 과일이나 열매 등의 무게를 잴 때 주로 사용하며 지금도 사용하고 있어요.

과일 1관=3.75kg

돈

돈은 금이나 은 등의 무게를 잴 때 사용하며 지금도 계속 사용하고 있지요.

금 1돈=3.75g

또 다른 무게 단위는?
마이크로그램 (μg)

μg(마이크로그램)이라는 단위도 있습니다.

약이나 영양제 같은 성분을 보면 μg(마이크로그램)이 종종 포함되어 있는 것을 볼 수 있어요.

●제품명 : 비타500 ●유통기한 : 케이스 측면 표시일 까지
●식품의 유형 : 혼합음료 ●원재료명 및 함량(%) : 정제수, 액상과당, 농축사과과즙(당도 72 Brix° 이상), 비타민C 0.5(500 mg), 히알루론산-KD 0.005(히알루론산 500 μg, 덱스트린), 비타민B2 0.0012 (1.2 mg), 합성착향료(드링크향), 구연산, 케이디비타 2700, 구연산삼나트륨, 펙틴, 타우린, DL-사과산, 오렌지추출물 ●원료원산지 : 사과(뉴질랜드산)

또 다른 무게 단위는?
마이크로그램 (μg)

μg(마이크로그램)은 mg(밀리그램)보다 무려 1000분의 1크기로 작습니다.

$$1μg = \frac{1}{1000} mg$$

또 다른 무게 단위는?
캐럿(ct)

캐럿은 다이아몬드, 루비, 사파이어, 에머럴드 등의 보석을 잴 때 세계적으로 사용하는 무게 단위입니다.

1캐럿(ct)은 200mg이지요.

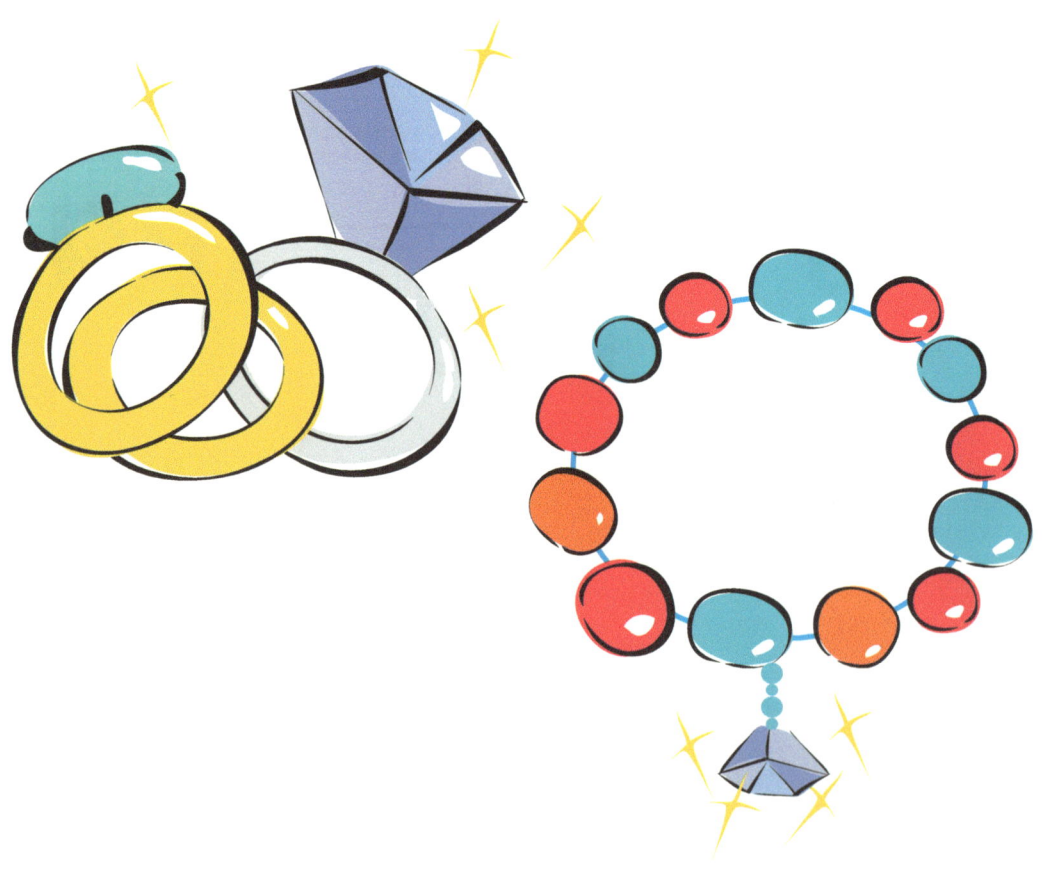

여러 가지 저울
무게를 잴 수 있는 여러 가지 저울을 알아볼까요?

접시 지시저울

중력을 이용해서 무게를 재는 저울입니다.
물건을 올리면 바늘이 움직여서 무게를 알 수 있어요.
지금도 시장에서 많이 사용합니다.

여러 가지 저울
무게를 잴 수 있는 여러 가지 저울을 알아볼까요?

양팔저울
두 개의 무게를 잴 때 사용하는 저울로 지금은 거의 사용하지 않습니다.

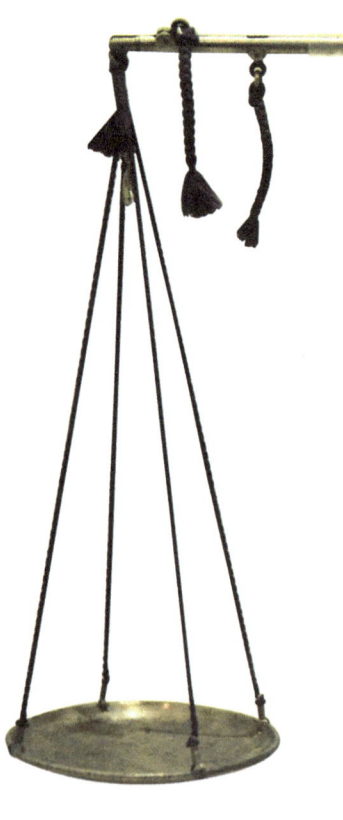

장대저울
추를 이용하여 무게를 재는 저울입니다. 옛날 우리 선조들이 주로 사용했지만 지금은 거의 사용하지 않아요.

아주 쉬운

단위놀이 한마당

시간

초 **s**
분 **min**
시 **h**
일 **d**

주, 월, 년, 세기

C 초

초(c)를 알아봅시다.

초는 시간의 가장 기본이 되는 단위입니다.
1분은 60초입니다.

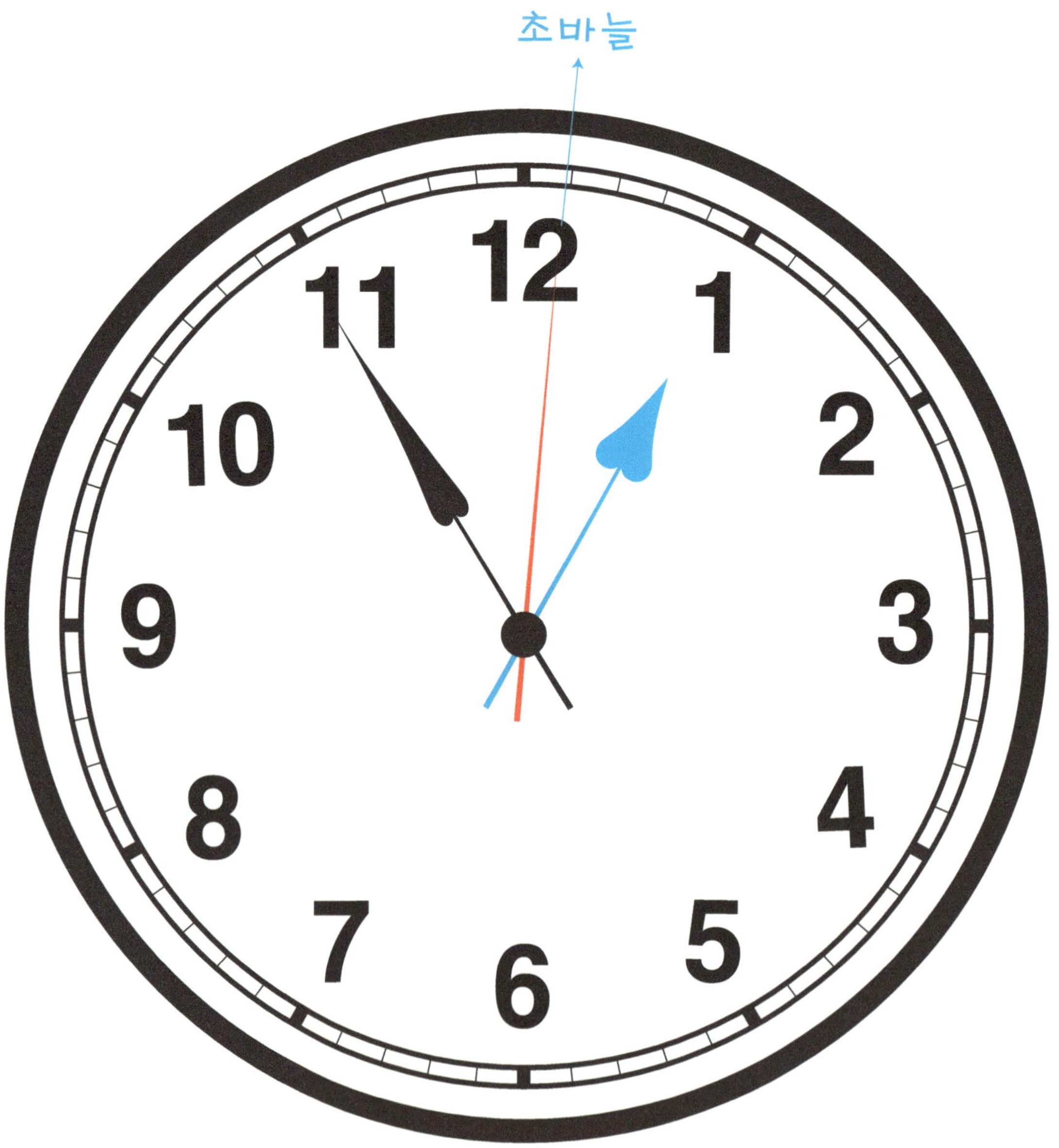

초바늘

C 초

초(c)를 알아봅시다.

1분에 빨간색 초바늘이 60번 갑니다.

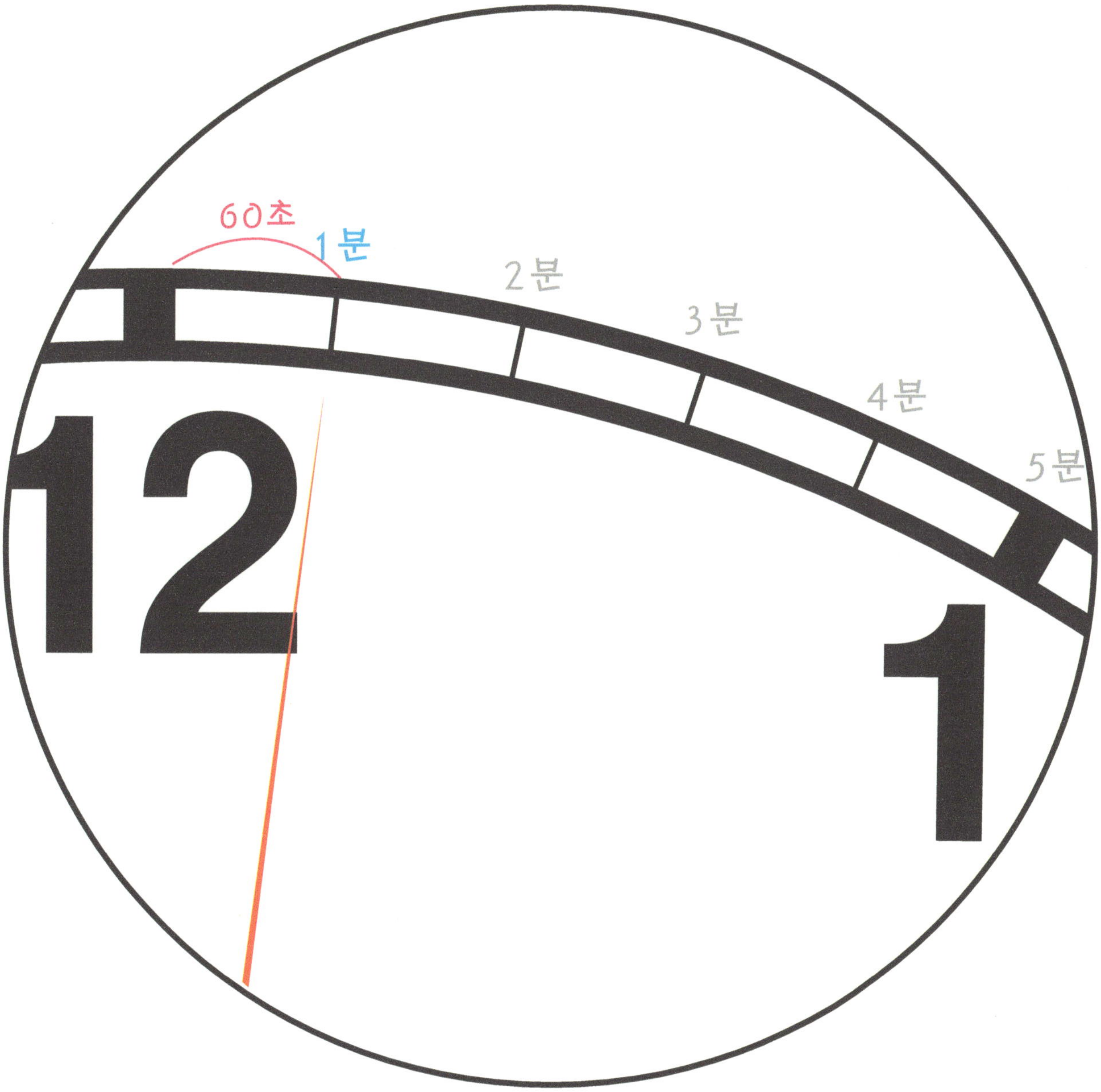

60초
1분
2분
3분
4분
5분

12 1

min
분

분(min)을 알아봅시다.

초보다 큰 단위 분입니다. 60초는 1분입니다.

분바늘

min
분

분(min)을 알아봅시다.

시계에서 긴 시계바늘(분 바늘)이 1을 가르키면 5분입니다.
2를 가르키면 10분입니다.

숫자가 1씩 커질 때마다 5분씩 늘어납니다.

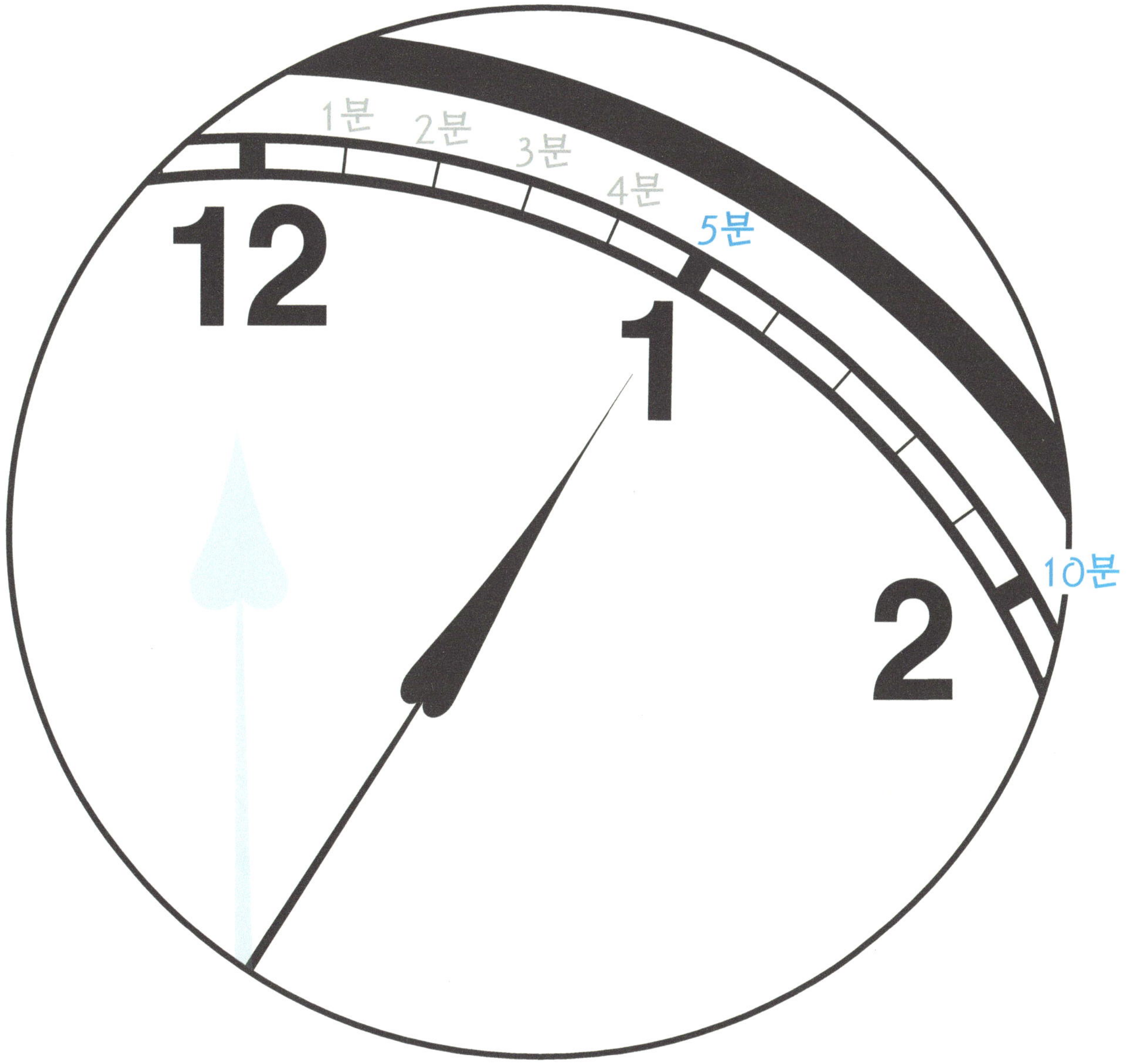

h 시

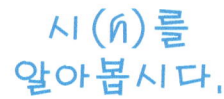
시(h)를 알아봅시다.

시간 단위 중 가장 큰 단위입니다. 60분은 1시간입니다.

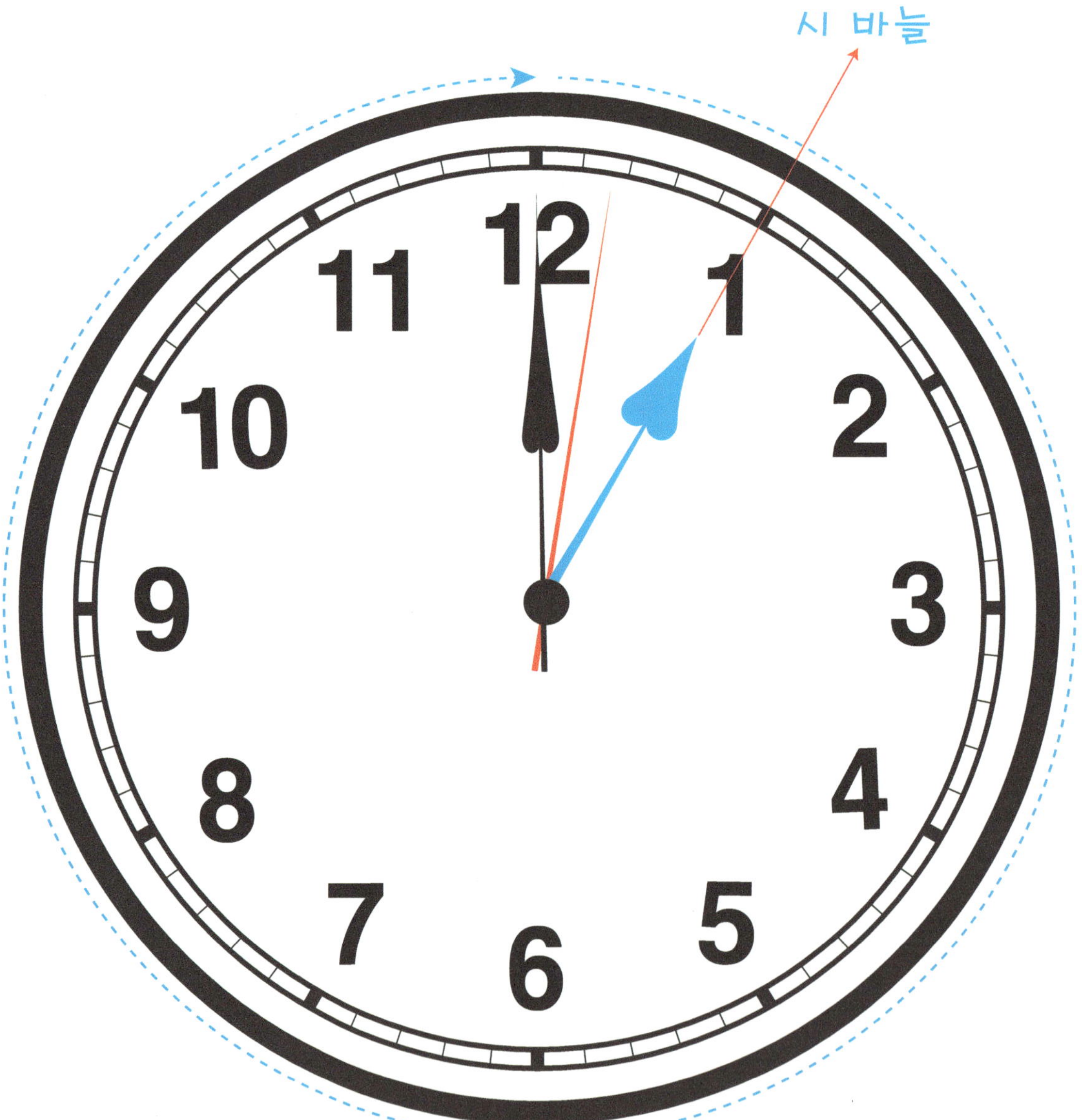

시 바늘

h 시

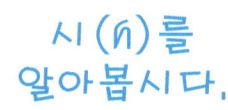

시(h)를 알아봅시다.

분을 가르키는 검은 바늘이 한바퀴를 돌면 한시간이 흘러갑니다.

왼쪽 시계에서 오른쪽 시계는
1시간이 흘렀습니다.

d 일

일(d)을 알아봅시다.

시 바늘이 두바퀴를 돌면 하루가 됩니다. 하루는 1일 입니다.

d 일

일(d)을 알아봅시다.

1일은 24시간입니다.

저녁 12시는
24시(이십사시) 또는 0시(영시)라고도 합니다.

시계알기

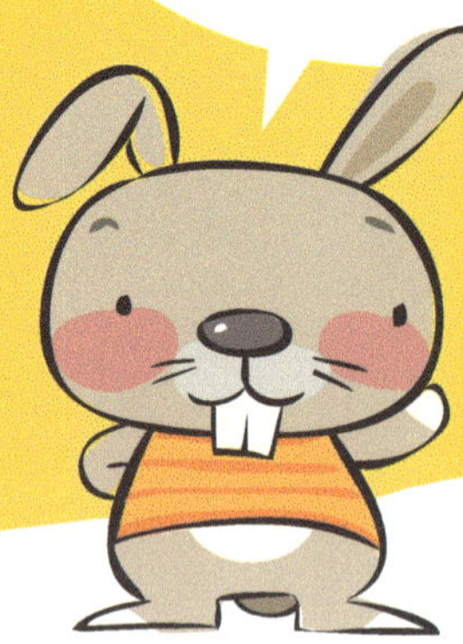

시간의 단위를
알 수 있는 시계를
알아 봅시다.

시계 안에는 시간의 단위인 시, 분, 초를 표시하는
세 개의 바늘이 있습니다.

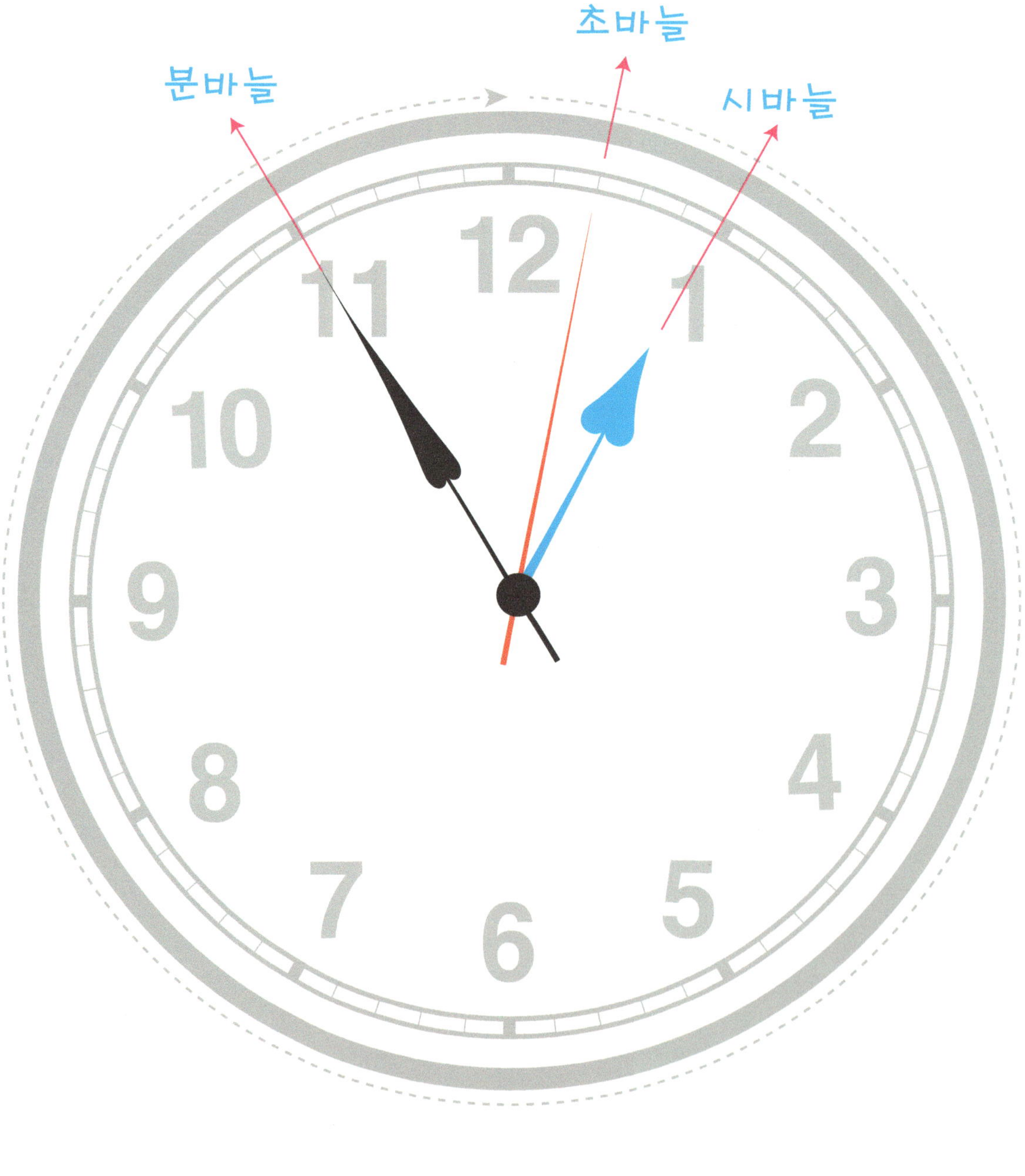
초바늘
분바늘
시바늘
12
1
2
3
4
5
6
7
8
9
10
11

시계알기

시간의 단위를 알 수 있는 시계를 알아 봅시다.

초바늘이 시계 한바퀴를 돌면 1분이 됩니다.

분바늘이 시계 한바퀴를 돌면 1시간이 됩니다.

시바늘이 시계 한바퀴를 돌면 12시간이 됩니다.

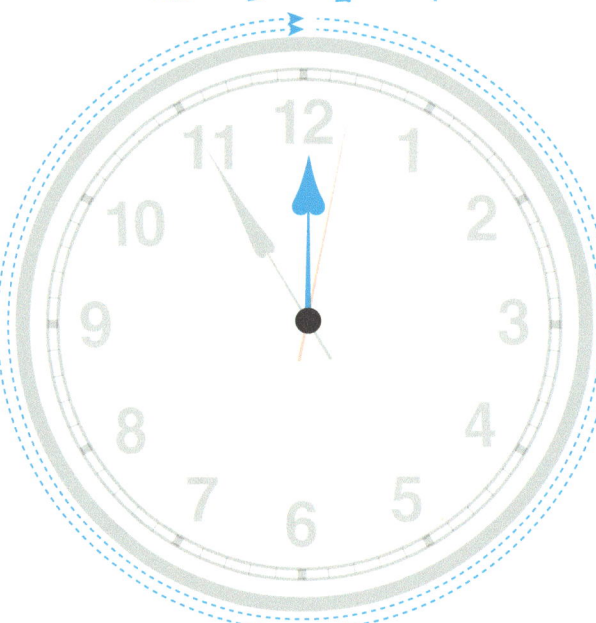

두바퀴를 돌면 24시간이 되면서 1일이 됩니다.

s, min, h, d의
초　　분　　시　　일
관계를 알아보아요.

각 단위끼리의 연관성을 알아봅시다.

60초 =1분

60분 =1시간

24시간 =1일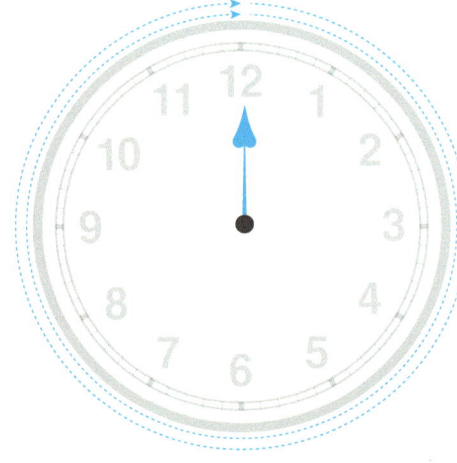

10초 안에 100m를 달릴 수 있나요?

우사인 볼트는 100m를 무려
9초 58로 달려 세계에서 가장 빠른 선수가 되었어요.

타조는 사람보다 빨리 달리나요?

타조는 1초에 25m를 달립니다.
100m를 무려 4초에 달리는 것이지요.
우사인 볼트가 100m를 9초 58로 달리니까
타조가 사람보다 두 배 이상 빨리달리네요.

달팽이는 정말 느릴까요?

일반적인 달팽이는 1초에 약 1mm 이동합니다.
즉, 1분에 겨우 6cm밖에 못간답니다.

4분 안에 뚝딱?

컵라면에 물을 붓고 전자레인지에 4분만 돌리면
맛있는 라면이 완성됩니다.

하루에 몇시간을 자야할까요?

건강을 유지하려면 1일 24시간 중에 8시간을 자야 한대요.
너무 많이 자도, 너무 적게 자도 건강에 좋지 않습니다.

번개가 친 후 천둥 소리가 들릴까요?
천둥 소리가 들린 후 번개가 칠까요?

번쩍번쩍 번개가 치면서 천둥이 칩니다.
번개가 친 후 2-5초 후에 천둥 소리가 들립니다.

마라톤 신기록 시간은?

42.195㎞를 달리는 마라톤 세계신기록은 케냐 선수가 세운 2시간 1분 9초입니다.

시간의 흐름을 알 수 있는 달력

시간의 흐름을 쉽게 알 수 있도록 달력으로 만들었어요.

달력

하루는 1일 입니다.
달력 안에는 1부터 30 또는 31의 숫자가 있습니다.

7월

일	월	화	수	목	금	토
30	1	2	3	4	5	6
8	9	10	11	12	13	14
15	16	17	18	19	20	21
22	23	24	25	26	27	28
29	30	31	1	2	3	4

주 / 월 / 년 / 세기
시간의 흐름을 쉽게 알 수 있도록 달력으로 만들었어요.

일, 월, 화, 수, 목, 금 토 까지의 7일을 1주라고 합니다.
즉, 1주일은 7일이에요.

			7월			
일	월	화	수	목	금	토
30	1	2	3	4	5	6	▶▶ 1주
8	9	10	11	12	13	14	▶▶ 2주
15	16	17	18	19	20	21	▶▶ 3주
22	23	24	25	26	27	28	▶▶ 4주
29	30	31	1	2	3	4

주 / 월 / 년 / 세기

1일에서 30 또는 31일까지를 월(달)이라고 합니다.
7월달은 31일이 있습니다.

			7월			
일	월	화	수	목	금	토
30	1	2	3	4	5	6
8	9	10	11	12	13	14
15	16	17	18	19	20	21
22	23	24	25	26	27	28
29	30	31				

주 / 월 / 년 / 세기

년

1월부터 12월 까지를 년이라고 해요.
1년은 모두 12달이 있어요.

1월　2월　3월　4월

5월　6월　7월　8월

9월　10월　11월　12월

주 / 월 / 년 / 세기

세기

100년을 1세기라고 합니다.
지금 우리는 21세기에 살고 있습니다.
하루하루를 기록해온 기간이 2000년이 지난 것이지요.

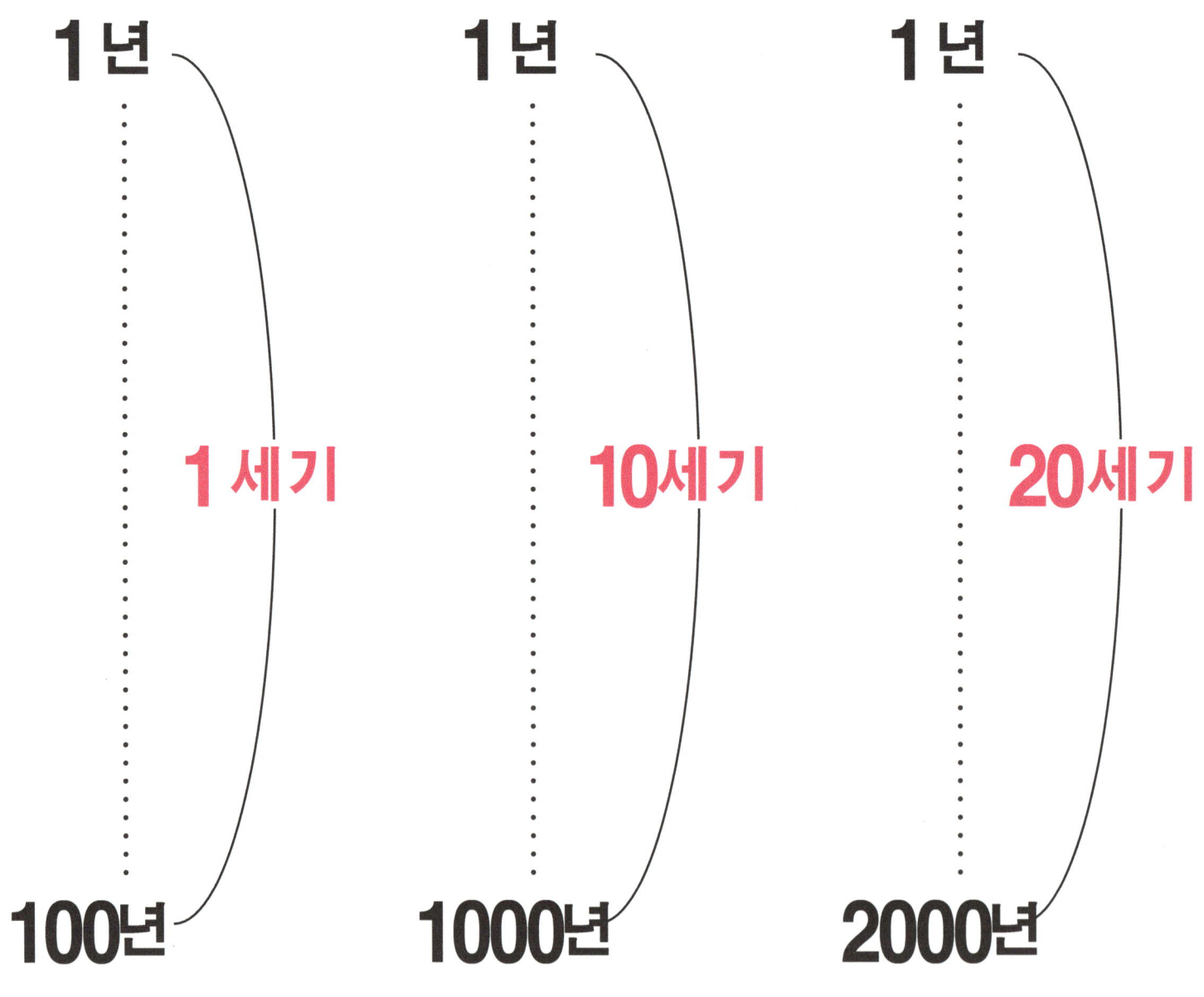

시계의 종류

현재 사용하는 시계는 아날로그 형식의 시계와 디지털 방식의 시계가 있어요.

아날로그 시계는 바늘이 돌아가면서 시간이 지나갑니다.

아날로그 시계

바늘 없이 시간을 숫자로 알려주는 것을 디지털 시계라고 합니다.

디지털 시계

옛날의 시계

옛날에는 어떤 시계를 사용했을까요?

해시계는 인간이 만든 가장 오래된 시계입니다.
원반 안에 선을 그어놓고 그 위에 바늘을 얹어 시간이 지나면서
움직이는 해의 그림자를 보고 시간을 알 수 있습니다.
어두운 밤이나 날씨가 흐린 날은 그림자가 없어 불편했지요.

해시계

아주 쉬운

단위놀이 한마당

온도

섭씨온도 °C

화씨온도 °F

절대온도 k
켈빈

℃ 섭씨온도

섭씨온도(℃)를 알아봅시다.

춥다, 덥다, 뜨겁다, 차갑다의 정도를 나타내는 것이 온도입니다.

우리가 사용하는 온도의 단위는 섭씨온도(℃)입니다.

℃ 섭씨온도

섭씨온도(℃)를 알아봅시다.

섭씨온도(℃)는 물이 어는 온도를 0℃,
물의 끓는 점을 100℃로 하여 그 사이를 100등분 한 단위입니다.

물이 어는 온도 0℃

물이 끓는 온도 100℃

℃ 섭씨온도

온도는 온도계로 측정할 수 있습니다.
0도보다 높으면 영상, 0도보다 낮으면 영하라고 읽습니다.

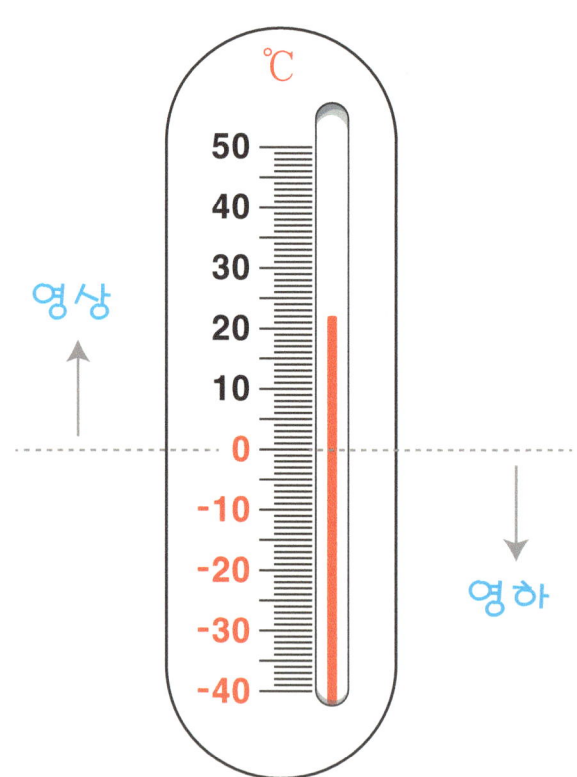

°C 섭씨온도

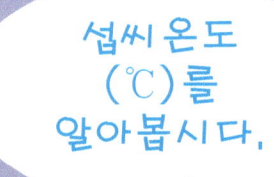

섭씨온도(°C)를 알아봅시다.

온도는 빨간 기둥의 윗쪽 눈금과 숫자를 읽으면 됩니다.
영하온도를 표시할 때는 숫자 앞에 -를 붙입니다.

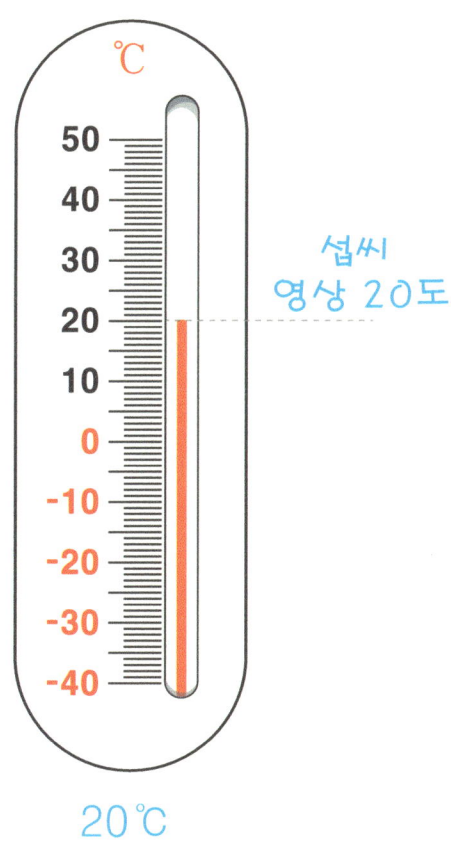

섭씨 영상 20도

20°C

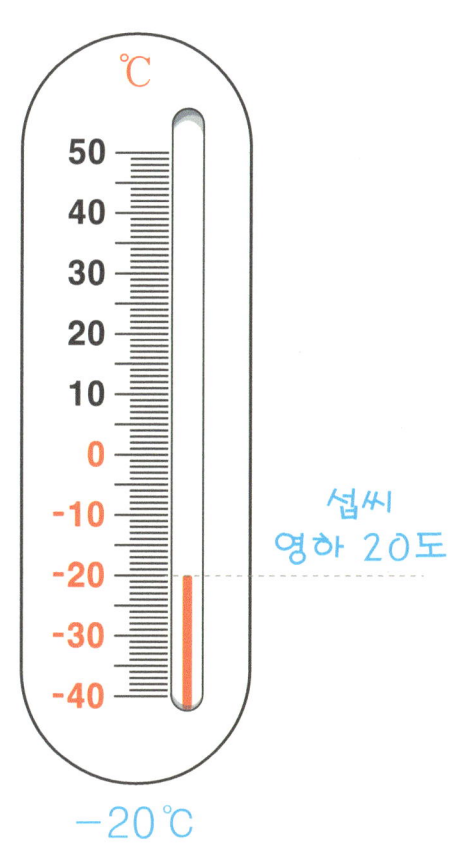

섭씨 영하 20도

-20°C

°F 화씨온도

우리가 사용하는 온도의 단위는 섭씨온도(℃)이지만 미국에서는 화씨온도(°F)를 사용합니다.

°C

섭씨온도

°F

화씨온도

°F 화씨온도

화씨온도(°F)를 알아봅시다.

화씨온도(°F)와 섭씨온도(℃)는 모두 온도 단위이지만 숫자 표기가 다릅니다.

섭씨온도와 화씨온도가 같이 있는 온도계도 많이 있습니다.

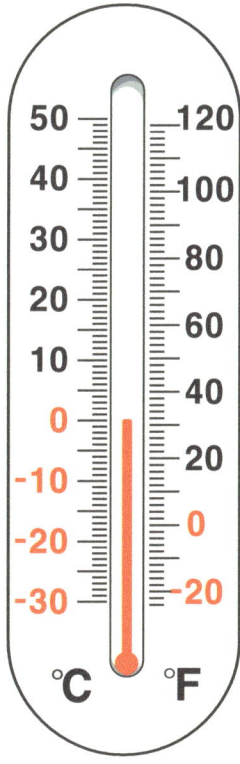

°F 화씨온도

온도는 빨간 기둥의 윗쪽 눈금과 숫자를 읽으면 됩니다.
섭씨온도의 20도는 화씨온도로 약 68도입니다.

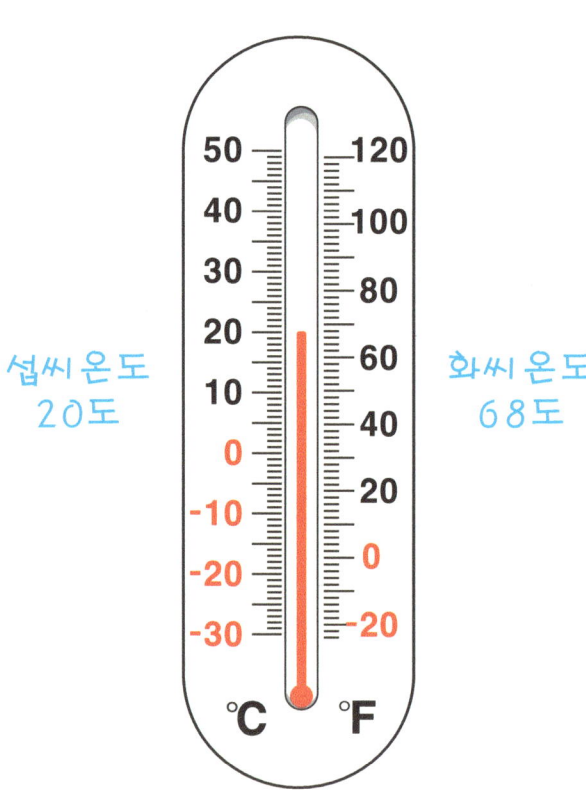

°C, °F의 관계를 알아보아요.
섭씨온도　화씨온도

각 단위끼리의 연관성을 알아봅시다.

섭씨온도의 0도와 100도는 화씨온도로 얼마인지 알아볼까요?

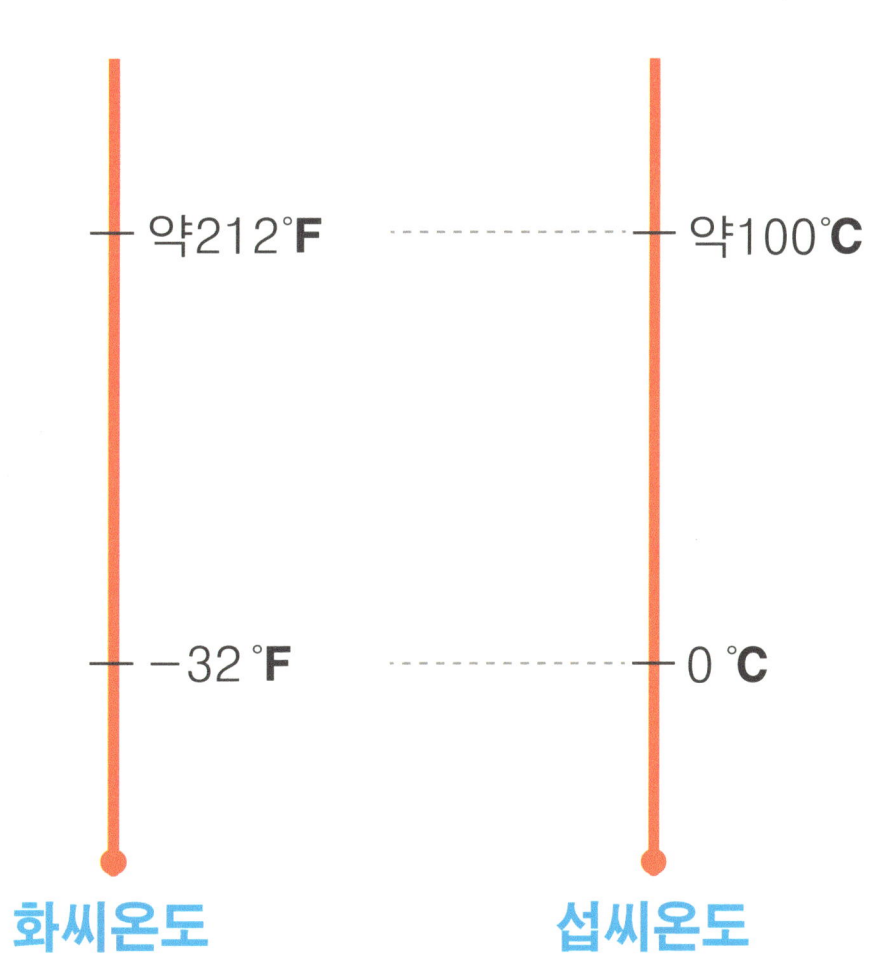

약212°F ─── 약100°C

−32°F ─── 0°C

화씨온도　　섭씨온도

사람의 온도

사람의 온도는 신체부위, 연령에 따라 조금씩 다릅니다.

사람의 온도를 알아봅시다.

성인의 평균 정상 온도는 36.5도
아기의 평균 정상 온도는 37.5도예요.
7세 정도가 되면 성인과 비슷한 온도가 돼요.

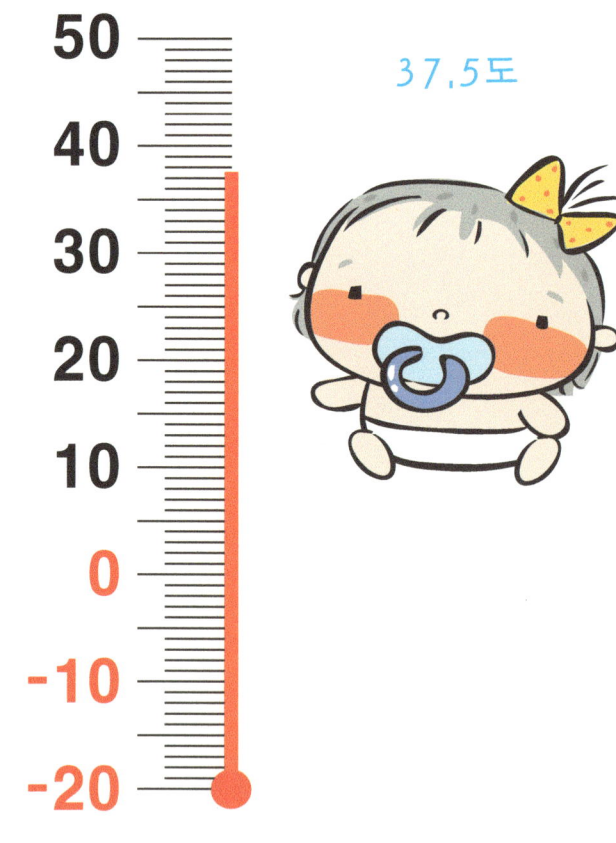

동물의 온도

고양이와 강아지의 온도는 비슷합니다.

고양이, 강아지의 온도를 알아봅시다.

고양이와 강아지는 평균 37.5도~39.4도로 비슷합니다.
사람의 온도와도 비슷해서 같이 살지요.

고양이

강아지

용암의 온도

화산이 폭발하면서 뜨거운 용암이 흐릅니다.
용암의 온도는 몇도일까요?

용암의 온도를 알아봅시다.

우리가 먹는 물은 100도가 되면 팔팔끓지요.
용암의 온도는 1000도 넘게도 올라갑니다.

사막의 온도

사막의 온도는 지역마다 다르지만 낮에는 40도 이상 밤은 10도 이하로 떨어져서 하루에 30도 이상 기온 차가 납니다.

사막의 온도를 알아봅시다.

이란의 루트사막은 땅 표면 온도가 최고 70.6도까지 올라가서 가장 뜨거운 사막으로 기록되었습니다.

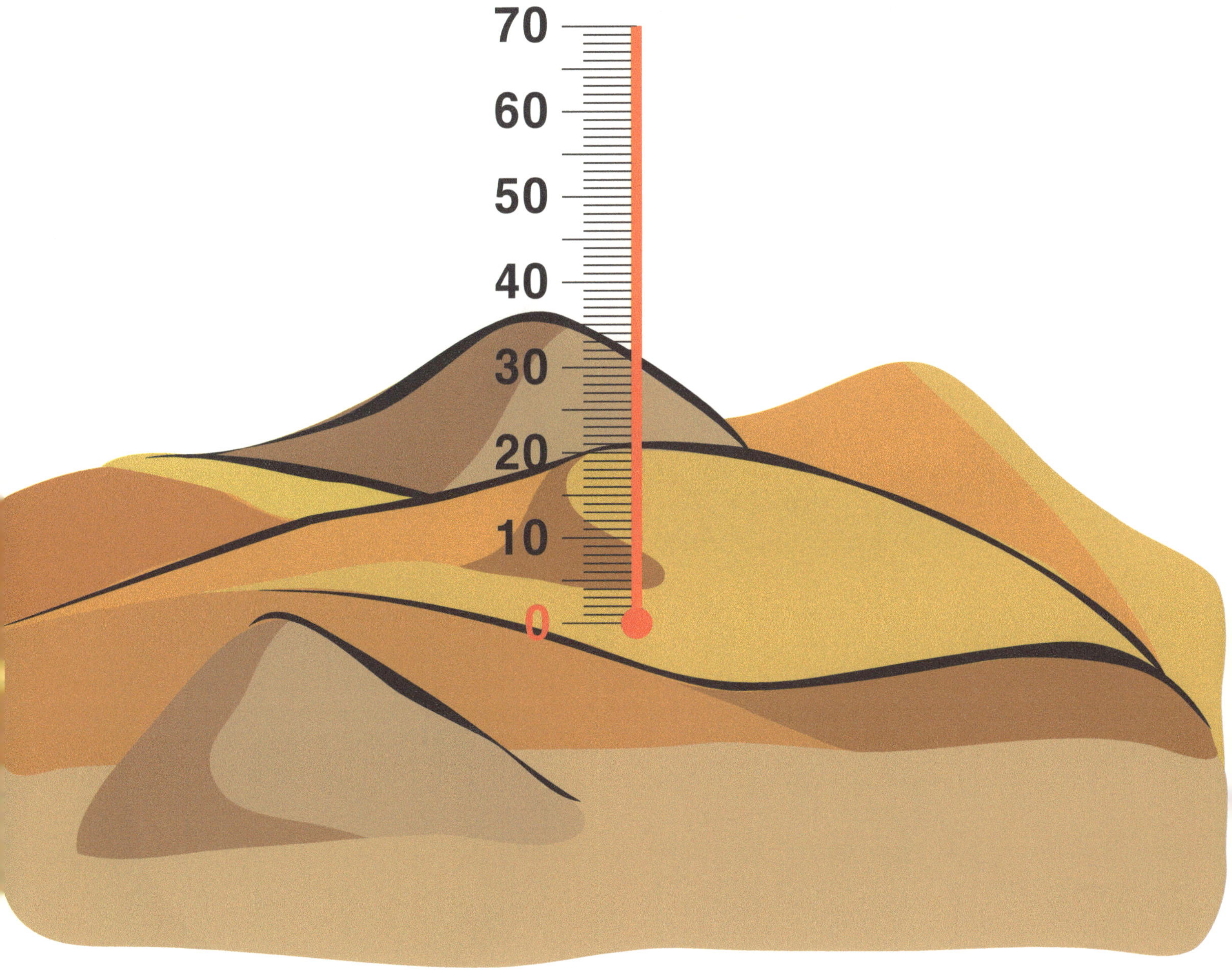

태양과 달의 온도

태양과 달의 온도를 알아봅시다.

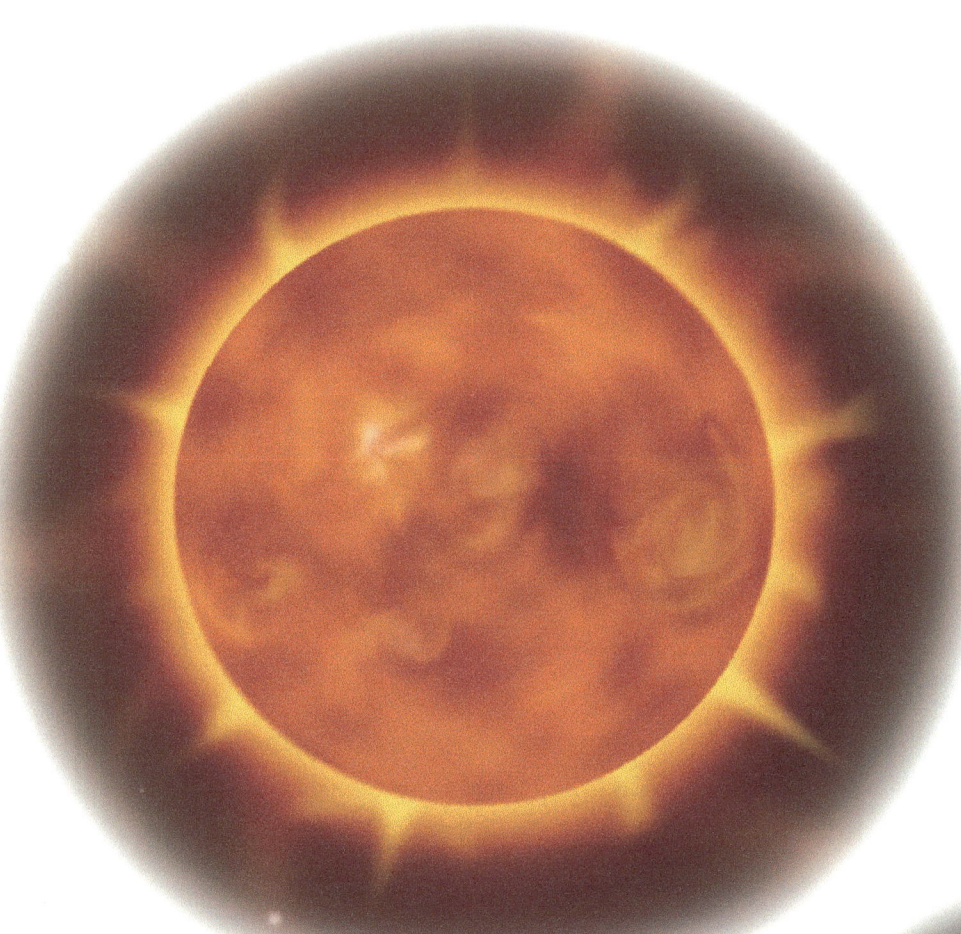

태양의 온도는 섭씨 5580도로 이글이글 불타고 있습니다.

달의 온도는 낮과 밤의 기온차가 매우 큽니다. 낮은 섭씨 약 127도, 밤은 약 영하 -233도까지 내려갑니다.

지구의 온도

지구는 생명이 살 수 있는 온도를 유지하고 있습니다.

지구의 온도를 알아봅시다.

지구의 평균 온도는 섭씨 약 16.85도입니다.
지구의 온도가 5도만 올라도 빙하가 모두 녹아 뉴욕과 런던이 물에 잠겨요.

변온 동물

변온 동물을 알아봅시다.

변온 동물은 외부의 온도에 따라 체온이 변하는 동물입니다.

개구리 종류는 온도가 10도 이하로 내려가면 겨울잠을 잘 준비를 해요.
기온이 영하로 내려가도 죽지않고 잠을 자다가
5도 정도로 따뜻해지면 겨울잠에서 깨어나지요.

변온 동물

변온 동물을 알아봅시다.

변온 동물은 외부의 온도에 따라 체온이 변하는 동물입니다.

거북이도 주변의 온도와 습도에 따라 체온이 변하며 겨울잠을 잡니다. 거북이는 추운 지방에서는 살 수가 없습니다.

계란이 익는 온도

계란이 익는 온도를 알아봅시다.

계란은 70도 정도에서 익습니다.
루트 사막처럼 온도가 70도까지 올라가는 곳에 두면
도구 없이 찐 계란을 먹을 수 있지요.

금이 녹는 온도

금은 녹여서 반지도 만들고 반도체 등의 부품으로도 사용합니다.
금은 섭씨 약 1000도 이상에서 녹는답니다.
금을 녹이려면 어마어마한 불이 필요하겠지요.

온도의 또 다른 단위는?
절대온도 K (켈빈)

온도를 나타내는 또 다른 단위는
절대온도 K(켈빈)입니다.
섭씨온도에서 273.15도를 더하면 켈빈온도가 됩니다.

$$K = °C + 273.15$$

섭씨 -273.15도 = 0k

섭씨 0도 = 273.15k (0+273.15=273.15k)

섭씨 1도 = 274.15k (1+273.15=274.15k)

°C, °F, k의 관계를 알아보아요.

섭씨온도 화씨온도 절대온도

각 단위끼리의 연관성을 알아봅시다.

섭씨온도를 중심으로 화씨온도와 절대온도의 관계를 알아봅시다.

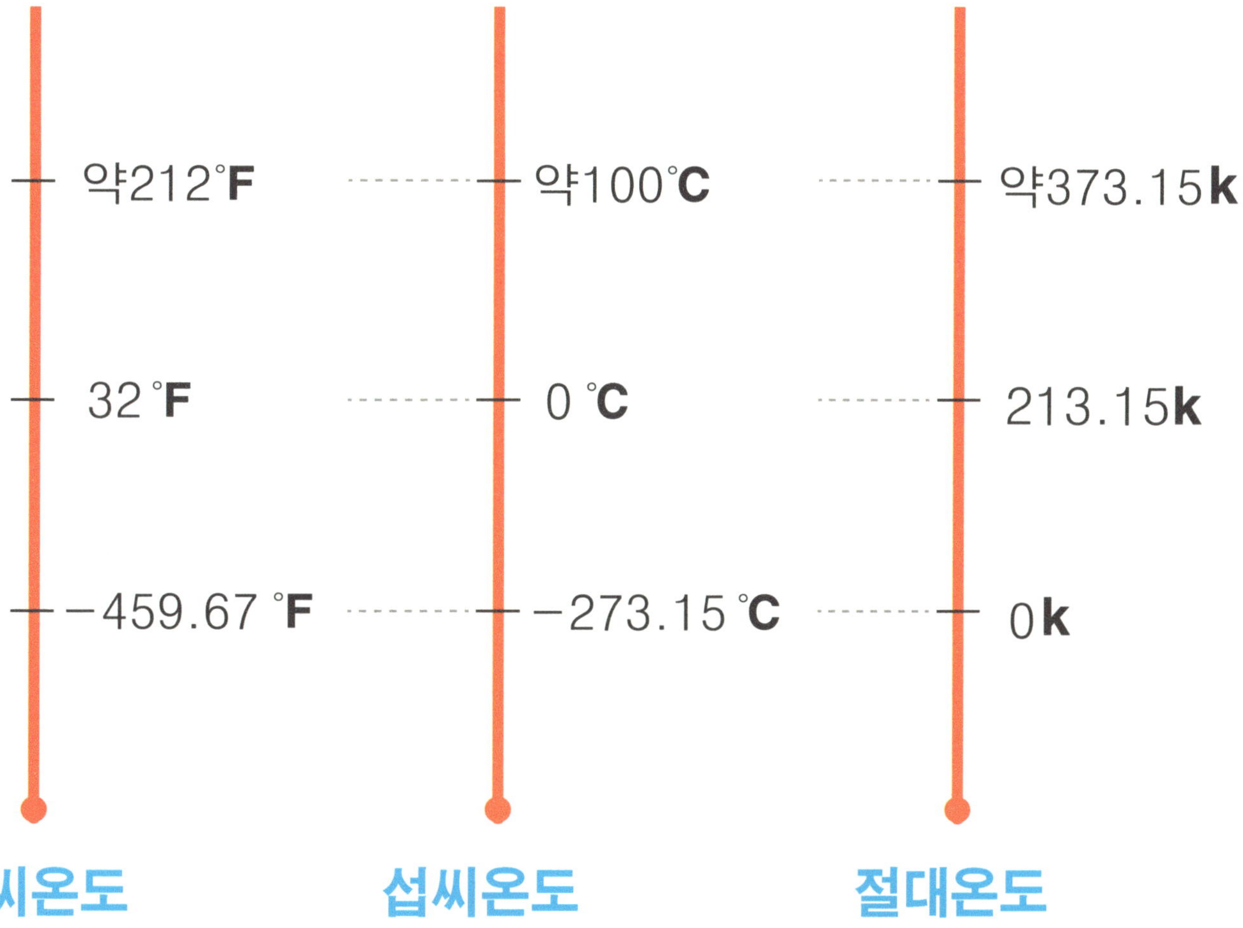

화씨온도	섭씨온도	절대온도
약212°F	약100°C	약373.15k
32°F	0°C	213.15k
−459.67°F	−273.15°C	0k

온도를 나타내는 말을 알아보세요.
우리 글에는 온도를 나타내는 말이 많이 있습니다.

여러 가지 온도 말을 알아봅시다.

덥다 / 춥다

우리 몸이 주변의 날씨를 느낄 때 온도를 나타내는 말

따뜻하다 / 차갑다

우리 몸이 뜨겁거나 차가운 물체와 접촉했을 때의 온도를 나타내는 말

아주 쉬운 단위놀이 한마당

속도

초속거리 **m/s**

시속거리 **km/h**

노트(kt)

m/s 초속거리

m/s(초속거리)를 알아봅시다.

초속거리(m/s)는 속도를 나타내는 단위입니다.

속도는 일정한 시간동안 움직인 거리입니다. 그래서 거리 단위 m(미터)와 시간 단위 s(초)를 이용하여 만들었습니다.

m/s ▶▶ 속도 단위

m/s 초속거리

m/s(초속거리)를 알아봅시다.

초속거리(m/s)는 1초동안 간 거리를 나타낸 것입니다.

10m/s ▶▶ **초속 10미터**
1초동안 10미터를 갑니다.

100m/s ▶▶ **초속 100미터**
1초동안 100미터를 갑니다.

m/s 초속거리

m/s(초속거리)를 알아봅시다.

초속거리(m/s)는 미터 퍼 세크라고도 읽습니다.

10m/s ▶▶ 초속 10미터

10m/s ▶▶ 10미터 퍼 세크

m/s 초속거리

m/s(초속거리)를 알아봅시다.

바람의 속도를 나타내는 풍속은 어떻게 표시할까요? 바람의 속도는 보통 m/s로 나타냅니다.

▶태풍 매미 풍속◀

51m/s(초속 51미터)

1초동안 51미터를 갑니다.

km/h 시속거리

km/h (시속거리)를 알아봅시다.

시속거리(km/h)는 속도를 나타내는 단위입니다.

거리 단위 km(킬로미터)와 시간 단위 h(시)를 이용하여 만들었습니다.

km/h ▶▶ 속도 단위

km/h 시속거리

시속거리(km/h)는 1시간 동안 간 거리를 나타낸 것입니다.

10km/h ▶▶ 시속 10킬로미터
1시간 동안 10킬로미터를 갑니다.

100km/h ▶▶ 시속 100킬로미터
1시간 동안 100킬로미터를 갑니다.

km/h
시속거리

시속거리(km/h)는 킬로미터 퍼 아워라고도 읽습니다.

10km/h ▶▶ **시속 10킬로미터**

10km/h ▶▶ **10킬로미터 퍼 아워**

km/h
시속거리

km/h
(시속거리)를
알아봅시다.

탈것의 속도는 보통 시속거리(km/h)를 사용합니다.

자전거 : 약 20km/h

자동차 : 약 60km/h

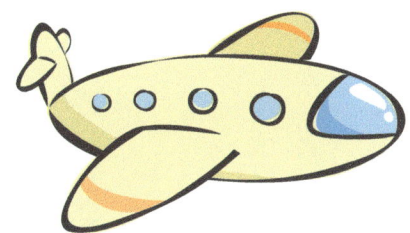
비행기 : 약 800km/h

풍속의 위력

바람의 세기에 따라 주변의 상황이 어떻게 변하는지 알아볼까요?

초속 5미터의 바람은 작은 가지가 흔들리는 정도입니다.

5m/s (초속 5미터)

풍속의 위력

바람의 세기에 따라 주변의 상황이 어떻게 변하는지 알아볼까요?

초속 15미터의 바람은 나무 전체가 흔들리고 걷기가 힘듭니다.

15m/s(초속 15미터)

풍속의 위력

바람의 세기에 따라 주변의 상황이 어떻게 변하는지 알아볼까요?

초속 25미터의 바람은 나무가 통째로 뽑힐 정도로 무시무시합니다.

25m/s (초속 25미터)

풍속의 위력

바람의 세기에 따라 주변의 상황이 어떻게 변하는지 알아볼까요?

초속 40미터의 바람은 바위가 날아가고 기차가 탈선합니다.

40m/s (초속 40미터)

사람의 속도

세계에서 가장 빨리 달리는 사람의 속도는 얼마인지 알아볼까요?

세계에서 가장 빠른 사나이 우사인볼트는 100미터를 9초58로 달립니다. 1초에 거의 10미터를 가는 것이지요.

10m/s(초속 10미터)

소리의 속도

소리도 속도가 있습니다. 소리의 속도는 얼마인지 알아볼까요?

소리는 1초에 340미터를 갑니다. 그러나 온도가 높아지면 더 멀리 갈 수 있지요.

340m/s(초속 340미터)

어린이 안전구역 속도

지역이나 위치에 따라 속도가 어떻게 달라지는지 알아볼까요?

어린이 안전구역에서는 시속 30킬로미터 이하로 아주 천천히 달려야 합니다.

30km/h (시속 30킬로미터)

고속도로 최대 속도

지역이나 위치에 따라 속도가 어떻게 달라지는지 알아볼까요?

고속도로에서는 최대 시속 110킬로미터까지 달릴 수 있어요.

110km/h (시속 110 킬로미터)

가장 빠른 공

공 중에 가장 빠른 공은 무엇일까요?

배드민턴 공은 시속 565킬로미터로 기네스신기록을 달성했습니다. 테니스공보다 두배 이상 빠른 속도지요.

배드민턴공
565km/h
(시속 565킬로미터)

테니스공
260km/h
(시속 260킬로미터)

가장 빠른 동물

세상에서 가장 빠른 동물은 무엇일까요?

매는 세상에서 가장 빠른 동물입니다. 먹이를 낚아채려 내려갈 때의 관측된 최고 속도는 시속 389킬로미터입니다.

매
389km/h
(시속 389킬로미터)

달팽이 속도

달팽이는 얼마나 느릴까요?

일반적으로 달팽이는 1초에 0.1cm정도를 갈 수 있습니다.
즉, 1시간에 3.6m정도 가는 것이지요.

또 다른 속도 단위는?
kt(노트)

kt(노트)는 선박 등의 속도를 나타내는 데 사용되는 단위입니다.

1kt=1.8532km/h

차례

길이 · 5쪽

밀리미터 mm

센티미터 cm

미터 m

킬로미터 km

치, 뼘, 자, 길

넓이 · 33쪽

제곱센티미터 cm²

제곱미터 m²

제곱킬로미터 km²

아르(a), 헥타르(ha)

부피 / 들이 · 59쪽

세제곱센티미터 cm³

세제곱미터 m³

밀리리터 mL

데시리터 dL

리터 L

홉, 되, 말, 섬

아주 쉬운 단위놀이 한마당.2

1판 발행일 : 2023년 10월 20일

지은이 : 한버공

펴낸 곳 : 청송문화사

　　　　　서울시 중구 수표로 2길 13

홈페이지 : www.kidzone.kr

E-mail : kidlkh@naver.com

전화 : 02-2279-5865

팩스 : 02-2279-5864

등록번호 : 2-2086 / 등록날짜 : 1995년 12월 14일

가격 : 16000원

잘못 인쇄된 책은 서점이나 본사에서 바꿔 드립니다.